Conteúdo digital exclusivo!

Cadastre-se e transforme seus estudos em uma experiência única de aprendizado!

Acesse agora

Portal:
www.editoradobrasil.com.br/crescer

Código de aluno:
1124352A8385638

Lembre-se de que esse código é pessoal e intransferível. Guarde-o com cuidado, pois é a única forma de você utilizar os conteúdos do portal.

Andressa Turcatel Alves Boligian • Camila Turcatel Alves e Santos • Levon Boligian

CRESCER
Geografia

1º ano

Dados Internacionais de Catalogação na Publicação (CIP)
(Câmara Brasileira do Livro, SP, Brasil)

Bolgian, Andressa Turcatel Alves
  Crescer geografia, 1º ano / Andressa Turcatel Alves Bolgian, Camila Turcatel Alves e Santos, Levon Bolgian. – 1. ed. – São Paulo: Editora do Brasil, 2018. – (Coleção crescer)

  ISBN 978-85-10-06817-8 (aluno)
  ISBN 978-85-10-06818-5 (professor)

  1. Geografia (Ensino fundamental) I. Santos, Camila Turcatel Alves e. II. Bolgian, Levon. III. Título. IV. Série.

18-15599   CDD-372.891

Índices para catálogo sistemático:
  1. Geografia: Ensino fundamental 372.891
Maria Alice Ferreira – Bibliotecária – CRB-8/7964

1ª edição / 1ª impressão, 2018
Impresso no Parque Gráfico da Editora FTD

Rua Conselheiro Nébias, 887
São Paulo, SP – CEP 01203-001
Fone: +55 11 3226-0211
www.editoradobrasil.com.br

Respeite o direito autoral

© Editora do Brasil S.A., 2018
Todos os direitos reservados

Direção-geral: Vicente Tortamano Avanso

Direção editorial: Felipe Ramos Poletti
Gerência editorial: Erika Caldin
Coordenação de arte: Cida Alves
Supervisão de revisão: Dora Helena Feres
Supervisão de iconografia: Léo Burgos
Supervisão de digital: Ethel Shuña Queiroz
Supervisão de controle de processos editoriais: Marta Dias Portero
Supervisão de direitos autorais: Marilisa Bertolone Mendes

Supervisão editorial: Júlio Fonseca
Consultoria técnica: Hilda Cardoso Sandoval e Waldirene Ribeiro do Carmo
Edição: Alício Leva e Gabriela Hengles
Assistência editorial: Lara Carolina Chacon Costa e Manoel Leal de Oliveira
Coordenação de revisão: Otacilio Palareti
Copidesque: Gisélia Costa, Ricardo Liberal e Sylmara Beletti
Revisão: Alexandra Resende e Andréia Andrade
Pesquisa iconográfica: Priscila Ferraz e Enio Lopes
Assistência de arte: Letícia Santos
Design gráfico: Andrea Melo
Capa: Megalo Design e Patrícia Lino
Imagem de capa: Carlos Meira
Ilustrações: Cláudio Chiyo, DAE (Departamento de Arte e Editoração), Danillo Souza, Isabela Santos, José Wilson Magalhães, Jótah, Raitan Ohi, Reinaldo Rosa, Ricardo Dantas e Vagner Coelho
Coordenação de editoração eletrônica: Abdonildo José de Lima Santos
Editoração eletrônica: Wlamir Miasiro
Licenciamentos de textos: Cinthya Utiyama, Jennifer Xavier, Paula Harue Tozaki e Renata Garbellini
Controle de processos editoriais: Bruna Alves, Carlos Nunes, Jefferson Galdino, Rafael Machado e Stephanie Paparella

QUERIDO ALUNO,

GOSTARÍAMOS DE LHE DAR AS BOAS-VINDAS.

AGRADECEMOS A VOCÊ POR ESTAR CONOSCO EM MAIS UMA INCRÍVEL AVENTURA DO CONHECIMENTO.

QUE TAL CONHECER MELHOR OS LUGARES E AS COISAS COM AS QUAIS CONVIVEMOS DIARIAMENTE?

AO ESTUDAR COM O AUXÍLIO DESTE LIVRO, ESPERAMOS QUE SUA CURIOSIDADE SEJA DESPERTADA E QUE VOCÊ POSSA VER O MUNDO QUE JÁ EXISTE À SUA VOLTA COM OUTROS OLHOS. GOSTARÍAMOS TAMBÉM QUE SEUS SENTIDOS FOSSEM ESTIMULADOS A CONHECER E RECONHECER UM MUNDO NOVO, QUE PRECISA DE SEU CUIDADO.

NESTE LIVRO DO 1º ANO, VOCÊ ESTUDARÁ ASSUNTOS RELACIONADOS ÀS PESSOAS, ÀS FAMÍLIAS, AOS LUGARES QUE FREQUENTA E AO AMBIENTE À SUA VOLTA.

OS AUTORES

SUMÁRIO

UNIDADE 1
EU E AS PESSOAS AO MEU REDOR 7
SOMOS TODOS DIFERENTES 8
- LEIO E COMPREENDO – MINHA CERTIDÃO DE NASCIMENTO 11

MINHA FAMÍLIA E OUTRAS FAMÍLIAS 12
- INVESTIGANDO A REDONDEZA – OS PERÍODOS DO DIA 20
- ISTO É CARTOGRAFIA – LOCALIZANDO A FAMÍLIA 22
- GIRAMUNDO – DIREITA E ESQUERDA: O CHEFINHO MANDOU 24
- CONSTRUIR UM MUNDO MELHOR – PAINEL DA DIVERSIDADE 26

RETOMADA 28
PERISCÓPIO 30

UNIDADE 2
EU, MEU GRUPO E OUTROS GRUPOS 31
EU E OS OUTROS 32
- INVESTIGANDO A REDONDEZA – CONHECENDO AS PESSOAS 36
- LEIO E COMPREENDO – IMAGEM 40

A CONVIVÊNCIA NOS ESPAÇOS PÚBLICOS 41
- ISTO É CARTOGRAFIA – LOCALIZANDO AS PESSOAS 43
- GIRAMUNDO – DE QUE SÃO FEITOS OS BRINQUEDOS? 49

RETOMADA 50
PERISCÓPIO 52

UNIDADE 3
OS LUGARES DO DIA A DIA 53

A CASA 54
  GIRAMUNDO – OS ANIMAIS E SUAS CASAS 59
A ESCOLA 61
  INVESTIGANDO A REDONDEZA – CONHECENDO A ESCOLA 64
AS RUAS E OUTROS CAMINHOS 68
  CONSTRUIR UM MUNDO MELHOR – REGRAS: A ESCOLA TAMBÉM TEM! 70
RETOMADA 72
PERISCÓPIO 74

UNIDADE 4
O AMBIENTE À NOSSA VOLTA 75

O LUGAR ONDE VIVEMOS 76
O QUE EXISTE NOS LUGARES 80
  INVESTIGANDO A REDONDEZA – CONHECER ELEMENTOS DA NATUREZA 82
  ISTO É CARTOGRAFIA – LOCALIZANDO OBJETOS 83
OBSERVANDO OS LUGARES 85
O TEMPO E AS MUDANÇAS NOS LUGARES 88
  GIRAMUNDO – AS PESSOAS MUDAM 89
RETOMADA 90
PERISCÓPIO 92
REFERÊNCIAS 93
MATERIAL COMPLEMENTAR ... 95

IMAGENS: MACROVECTOR/SHUTTERSTOCK.COM

UNIDADE 1
EU E AS PESSOAS AO MEU REDOR

NO DESENHO, AS CRIANÇAS ESTÃO BRINCANDO NO PARQUE. CRIE UM NOME PARA CADA CRIANÇA E ESCREVA-OS NOS QUADRINHOS.

QUE TAL PARTICIPAR DA BRINCADEIRA? ESCOLHA UM LUGAR NESTE PARQUE E DESENHE VOCÊ BRINCANDO.

7

◆ SOMOS TODOS DIFERENTES

VOCÊ JÁ PERCEBEU, EM SUA VIZINHANÇA E NA ESCOLA, COMO TODA CRIANÇA É DIFERENTE UMA DA OUTRA? COM A AJUDA DO PROFESSOR, LEIA O POEMA A SEGUIR.

CRIANÇAS LINDAS

SÃO DUAS CRIANÇAS LINDAS
MAS SÃO MUITO DIFERENTES!
UMA É TODA DESDENTADA
A OUTRA É CHEIA DE DENTES...
UMA ANDA DESCABELADA,
A OUTRA É CHEIA DE PENTES!
UMA DELAS USA ÓCULOS,
E A OUTRA SÓ USA LENTES.
UMA GOSTA DE GELADOS,
A OUTRA GOSTA DE QUENTES.
UMA TEM CABELOS LONGOS,
A OUTRA SÓ CORTA RENTES.
NÃO QUEIRAS QUE SEJAM IGUAIS,
ALIÁS, NEM MESMO TENTES!
SÃO DUAS CRIANÇAS LINDAS,
MAS SÃO MUITO DIFERENTES!

ROCHA, RUTH. *TODA CRIANÇA DO MUNDO MORA NO MEU CORAÇÃO*/RUTH ROCHA; ILUSTRAÇÕES DE MARIANA MASSARANI. 2. ED. SÃO PAULO: SALAMANDRA, 2014. P. 17.

ISABELA SANTOS

ASSIM COMO DIZ O POEMA, VEJA ALGUNS EXEMPLOS DE DIFERENÇAS ENTRE CRIANÇAS.

EXISTEM CRIANÇAS MAIS ALTAS OU MAIS BAIXAS.

OUTRAS TÊM O CABELO MAIS LONGO, MAIS CURTO, CABELOS LISOS, CRESPOS OU ONDULADOS.

TAMBÉM HÁ CRIANÇAS COM OLHOS DE COR MAIS CLARA OU MAIS ESCURA.

ILUSTRAÇÕES: JOSÉ WILSON MAGALHÃES

1. AGORA OBSERVE OS SEUS COLEGAS DA SALA DE AULA E MARQUE COM UM **X** AS RESPOSTAS QUE ENCONTRAR.

- HÁ MAIS: ☐ MENINOS.   ☐ MENINAS.

- ALGUÉM USA ÓCULOS?   ☐ SIM.   ☐ NÃO.

- ALGUÉM ESTÁ SEM OS DENTES DA FRENTE?

  ☐ SIM.   ☐ NÃO.

9

O JEITO DE CADA UM

ALÉM DA APARÊNCIA, CADA PESSOA TAMBÉM TEM UM JEITO PRÓPRIO DE SER E DE PENSAR. HÁ, AINDA, GOSTOS E PREFERÊNCIAS DIFERENTES, O QUE TORNA CADA UM DE NÓS UM SER ÚNICO.

NO MUNDO TODO, AS CRIANÇAS GOSTAM DE BRINCAR, CANTAR, CORRER E PULAR. HÁ BRINQUEDOS E BRINCADEIRAS DIFERENTES EM TODO O MUNDO.

OBSERVE, NA IMAGEM A SEGUIR, ALGUMAS CRIANÇAS BRINCANDO.

AGORA:

1. CIRCULE AS CRIANÇAS QUE ESTÃO BRINCANDO DAQUILO QUE VOCÊ TAMBÉM GOSTA DE BRINCAR.

2. FAÇA UM **X** NAQUELA CRIANÇA QUE TEM O CABELO MAIS PARECIDO COM O SEU.

LEIO E COMPREENDO

MINHA CERTIDÃO DE NASCIMENTO

QUANDO UMA CRIANÇA NASCE, OS PAIS OU AS PESSOAS RESPONSÁVEIS POR ELA DEVEM PROVIDENCIAR A **CERTIDÃO DE NASCIMENTO**.

A CERTIDÃO DE NASCIMENTO É UM **DOCUMENTO** MUITO IMPORTANTE, POIS GARANTE ÀS CRIANÇAS DIREITOS COMO ESTUDAR E RECEBER ATENDIMENTO MÉDICO.

VOCÊ JÁ VIU SUA CERTIDÃO DE NASCIMENTO? PARA ESTA ATIVIDADE, PEÇA A AJUDA DE SEUS RESPONSÁVEIS. PESQUISE NO DOCUMENTO AS INFORMAÇÕES E RESPONDA ÀS QUESTÕES.

1. QUAL É O DIA, MÊS E ANO DE SEU NASCIMENTO?

_____

2. QUAL FOI A HORA DO DIA QUE VOCÊ NASCEU?

_____

3. QUAL É A CIDADE DE SEU NASCIMENTO?

_____

4. MARQUE COM UM **X** AS OUTRAS INFORMAÇÕES QUE EXISTEM EM SUA CERTIDÃO DE NASCIMENTO.

☐ NOME DOS PAIS.

☐ NOME DE SEUS IRMÃOS.

☐ NOME DE SEUS AVÓS.

♦ MINHA FAMÍLIA E OUTRAS FAMÍLIAS

VOCÊ JÁ PERCEBEU QUE AS PESSOAS SÃO DIFERENTES UMAS DAS OUTRAS, NÃO É MESMO? E AS FAMÍLIAS, SERÁ QUE TAMBÉM SÃO DIFERENTES?

OBSERVE A IMAGEM DE UMA FAMÍLIA FAMOSA ENTRE MUITAS CRIANÇAS.

COLLECTION CHRISTOPHEL/AGB PHOTO LIBRARY

1. AGORA, VAMOS CONVERSAR SOBRE A IMAGEM? O PROFESSOR O AJUDARÁ A RESPONDER ÀS QUESTÕES A SEGUIR.
   - QUANTAS PESSOAS HÁ NA IMAGEM?
   - ELAS PARECEM FORMAR UMA FAMÍLIA?
   - TODAS ELAS PARECEM CONTENTES?
   - VOCÊ JÁ ASSISTIU A FILMES OU DESENHOS EM QUE OS PERSONAGENS FORMAM UMA FAMÍLIA? QUAIS? CONTE PARA SEUS COLEGAS.

AS PESSOAS MAIS PRÓXIMAS DE NÓS, AQUELAS COM AS QUAIS CONVIVEMOS TODO DIA, FAZEM PARTE DE NOSSA FAMÍLIA.

AS FAMÍLIAS PODEM SER FORMADAS POR NOSSOS PAIS, IRMÃOS, AVÓS, TIOS, PRIMOS E, ATÉ MESMO, AMIGOS QUE VIVEM JUNTOS NA MESMA CASA.

FLÁVIA É UMA MENINA DE 7 ANOS. ELA TEM DUAS IRMÃS. VEJA O NOME E O PARENTESCO DAS PESSOAS QUE VIVEM COM ELA EM SUA CASA.

EU SOU FLÁVIA. EU MORO COM:

JANE — MÃE
JOSÉ — PAI
MARA — TIA
LIANA — IRMÃ
SIMONE — IRMÃ

13

1. FAÇA UMA LISTA COM O NOME DAS PESSOAS QUE MORAM EM SUA CASA. ESCREVA TAMBÉM O PARENTESCO DELAS COM VOCÊ. SIGA O EXEMPLO DE FLÁVIA PARA ESCREVER NAS LINHAS ABAIXO.

EU SOU _____. EU MORO COM:

_____

_____

_____

_____

_____

_____

2. RESPONDA:

A) VOCÊ TEM IRMÃOS?

☐ SIM. QUANTOS? _____ ☐ NÃO.

B) QUANTAS PESSOAS MORAM COM VOCÊ?

_____

3. AGORA LEIA PARA OS COLEGAS O NOME E O PARENTESCO DAS PESSOAS QUE VIVEM COM VOCÊ. DEPOIS QUE TODOS LEREM, COMPAREM AS FAMÍLIAS E VEJAM SE ELAS SÃO PARECIDAS OU DIFERENTES.

PARENTESCO

1. LIGUE CORRETAMENTE AS FRASES DO **LADO ESQUERDO** ÀS RESPOSTAS DO **LADO DIREITO**.

- O IRMÃO DE MEU PAI É MEU (?).

- AVÓ

- A MÃE DE MINHA MÃE É MINHA (?).

- CUNHADA

- EU SOU (?) DE MINHA TIA.

- TIO

- O FILHO DE MEU PAI É MEU (?).

- IRMÃO

- MINHA MÃE É (?) DA IRMÃ DE MEU PAI.

- SOBRINHO(A)

15

OUTRAS FAMÍLIAS

VAMOS CONHECER AS FAMÍLIAS DE OUTRAS CRIANÇAS? ACOMPANHE A LEITURA DO TEXTO COM O PROFESSOR E RESPONDA ÀS QUESTÕES JUNTO COM OS SEUS COLEGAS.

MOISÉS MORA EM NATAL, NO RIO GRANDE DO NORTE. ELE VIVE COM SUA FAMÍLIA: PAI, AVÓ, IRMÃO E IRMÃ. ELE ESTUDA DE MANHÃ E, À TARDE, GOSTA DE JOGAR FUTEBOL E BRINCAR COM O IRMÃO. ELE TAMBÉM GOSTA MUITO DA COMIDA DE SUA AVÓ, POR ISSO O LUGAR DA CASA EM QUE ELE MAIS GOSTA DE FICAR É NA COZINHA.

- QUEM SÃO OS MEMBROS DA FAMÍLIA DE MOISÉS?
- QUAL É O NOME DA CIDADE ONDE MOISÉS MORA?
- QUAL É O CÔMODO DA CASA ONDE MOISÉS MAIS GOSTA DE FICAR?

SERENA VIVE NA CIDADE DE CURITIBA, NO PARANÁ, COM SEU PAI E SUA MÃE. ELA MORA EM UM PRÉDIO DE APARTAMENTOS. ELA TEM AULAS DE NATAÇÃO DURANTE A MANHÃ E, EM ALGUNS DIAS DA SEMANA, ESTUDA INGLÊS. NO PERÍODO DA TARDE, ELA VAI À ESCOLA. O LUGAR DA CASA EM QUE SERENA MAIS GOSTA DE FICAR É O SEU QUARTO.

- QUEM SÃO OS MEMBROS DA FAMÍLIA DE SERENA?
- QUAL É O NOME DA CIDADE ONDE ELA VIVE?
- QUAL É O CÔMODO DA CASA ONDE SERENA MAIS GOSTA DE FICAR?

CAÍQUE É UM MENINO DO POVO BORORO. ELE VIVE EM UMA ALDEIA NO ESTADO DE MATO GROSSO. ALÉM DE SEU PAI E SUA MÃE, VIVEM EM SUA CASA OUTROS PARENTES COM SUAS FAMÍLIAS: TIOS, TIAS E PRIMOS. ELE BRINCA COM SEUS AMIGOS NA ALDEIA. NA ESCOLA, ESTUDA A LÍNGUA BORORO E A LÍNGUA PORTUGUESA.

- ONDE VIVE O MENINO CAÍQUE?
- QUEM SÃO AS PESSOAS QUE VIVEM NA MESMA CASA QUE ELE?
- ONDE CAÍQUE BRINCA?

1. DESENHE VOCÊ NO QUADRINHO EM BRANCO DO LADO ESQUERDO. EM SEGUIDA, DESENHE SUA FAMÍLIA NO QUADRINHO DO LADO DIREITO. DEPOIS, LIGUE CADA CRIANÇA À FAMÍLIA CORRESPONDENTE.

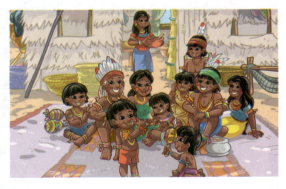

19

INVESTIGANDO A REDONDEZA

OS PERÍODOS DO DIA

1. OBSERVE AS CENAS. ELAS MOSTRAM UM DIA NA VIDA DE SERENA. NUMERE AS ILUSTRAÇÕES NA ORDEM EM QUE AS ATIVIDADES ACONTECEM.

1 MANHÃ   **2** TARDE   **3** NOITE

ILUSTRAÇÕES: JOSÉ WILSON MAGALHÃES

2. AGORA É SUA VEZ DE REPRESENTAR UM DIA EM SUA VIDA. DESENHE, NOS QUADROS ABAIXO, O QUE VOCÊ COSTUMA FAZER:

DE MANHÃ

À TARDE

À NOITE

21

ISTO É CARTOGRAFIA

LOCALIZANDO A FAMÍLIA

VAMOS LOCALIZAR PESSOAS E OBJETOS EM UMA CENA? OBSERVE COM ATENÇÃO O DESENHO A SEGUIR, QUE MOSTRA OS AVÓS E SEUS NETOS BRINCANDO NA SALA:

1. PINTE O QUADRINHO COM A RESPOSTA CORRETA.

- QUANTAS PESSOAS APARECEM NA CENA DENTRO DA SALA?

1   2   5

- QUEM ESTÁ MAIS PERTO DO TELEFONE?

AVÓ.   BEBÊ.

- QUEM ESTÁ MAIS LONGE DA BONECA?

MENINO.   BEBÊ.

- O QUE ESTÁ EM CIMA DO TAPETE?

BRINQUEDOS.   VASO.

- QUEM ESTÁ FORA DO SOFÁ?

MENINO E BEBÊ.   AVÔ.

- O QUE HÁ EMBAIXO DO SOFÁ?

SAPATOS.   VASO.

- O ABAJUR ESTÁ PERTO:

DA POLTRONA.   DO BEBÊ.

- OS LIVROS ESTÃO EM CIMA:

DO TAPETE.   DO SOFÁ.

DIREITA E ESQUERDA: O CHEFINHO MANDOU

MUITAS VEZES, PARA ENCONTRAR UM OBJETO OU CHEGAR A ALGUM LUGAR, É IMPORTANTE SABER O QUE ESTÁ À **DIREITA** OU À **ESQUERDA**.

VAMOS BRINCAR UM POUCO DE DIREITA E ESQUERDA?

NA BRINCADEIRA, TODOS DEVEM OBEDECER AOS COMANDOS DO "CHEFINHO". O PROFESSOR AJUDARÁ NA ORGANIZAÇÃO: VOCÊ E OS COLEGAS DEVEM FICAR UM AO LADO DO OUTRO ATRÁS DO PROFESSOR, QUE DEVE FICAR NA FRENTE. VEJA O EXEMPLO:

24

AGORA TODOS DEVEM SEGUIR OS COMANDOS DO "CHEFINHO" PRESTANDO MUITA ATENÇÃO.

- FECHE COM FORÇA A MÃO ESQUERDA.
- FECHE COM FORÇA A MÃO DIREITA.
- LEVANTE O BRAÇO ESQUERDO.
- LEVANTE O BRAÇO DIREITO.
- BATA O PÉ ESQUERDO.
- BATA O PÉ DIREITO.
- APONTE SEU OLHO DIREITO.
- APONTE SEU OLHO ESQUERDO.
- APONTE SUA ORELHA DIREITA.
- APONTE SUA ORELHA ESQUERDA.
- LEVANTE A PERNA ESQUERDA.
- LEVANTE A PERNA DIREITA.
- GIRE O BRAÇO DIREITO.
- GIRE O BRAÇO ESQUERDO.
- ACENE COM A MÃO ESQUERDA.
- ACENE COM A MÃO DIREITA.

DURANTE O JOGO, QUEM SE ATRAPALHAR OU SE CONFUNDIR SAI DA BRINCADEIRA.

O ALUNO QUE FICAR POR ÚLTIMO SERÁ O VENCEDOR.

DICA: SE VOCÊ SAIR DO JOGO, TREINE OS COMANDOS MESMO SEM PARTICIPAR. ASSIM, NA PRÓXIMA RODADA, VOCÊ JÁ SERÁ CRAQUE!

CONSTRUIR UM MUNDO MELHOR

🔷 PAINEL DA DIVERSIDADE

NESTA UNIDADE, VOCÊ ESTUDOU AS DIFERENÇAS ENTRE AS PESSOAS E AS FAMÍLIAS. OBSERVOU QUE TODOS TÊM JEITINHOS DIFERENTES... E ISSO É BOM DEMAIS!

PARA CELEBRAR ESSAS DIFERENÇAS, A TURMA CRIARÁ UM GRANDE **PAINEL DA DIVERSIDADE**.

MATERIAL:

- CARTOLINA OU FOLHA DE PAPEL EM TAMANHO GRANDE;
- COLA;
- TESOURA SEM PONTA;
- REVISTAS, JORNAIS OU PANFLETOS;
- CANETINHAS COLORIDAS.

PASSO A PASSO

1. ENCONTRE, NO MATERIAL PARA RECORTE, FOTOGRAFIAS DE PESSOAS COM JEITINHOS DIFERENTES: PESSOAS DE TODAS AS IDADES E COM APARÊNCIAS DIVERSAS. RECORTE TAMBÉM FOTOGRAFIAS DE PESSOAS COM EXPRESSÕES DIFERENTES OU OUTRAS QUE VOCÊ ACHE INTERESSANTES.

2. NA FOLHA DE PAPEL, DESENHE, DO SEU JEITO, O PLANETA TERRA. ELE SERVIRÁ DE BASE PARA O DESENHO FINAL DO PAINEL.

3. AGORA DISTRIBUA AS FOTOGRAFIAS RECORTADAS SOBRE A FOLHA DE PAPEL. O DESENHO DO PLANETA TERRA DEVE FICAR AO FUNDO.

4. EM SEGUIDA, COLE CADA FIGURA. NÃO TEM PROBLEMA COLÁ-LAS SOBRE O DESENHO DO PLANETA TERRA.

ESTÁ PRONTO O PAINEL DA DIVERSIDADE DE SUA TURMA!

NÃO ESQUEÇA QUE O PAINEL DEVE SER EXPOSTO NA ESCOLA PARA QUE TODOS VEJAM.

RETOMADA

1. OBSERVE AS IMAGENS E ESCREVA, NAS LINHAS ABAIXO DE CADA UMA, A COMPOSIÇÃO DA FAMÍLIA REPRESENTADA.

MULHER – HOMEM – MENINA – MENINO

HOMEM, MENINA E MENINA.

2. LEIA COM O PROFESSOR DOIS EXEMPLOS DE FATOS QUE ACONTECERAM NA CASA DE EUGÊNIA.

A MÃE DE EUGÊNIA PEDIU A ELA:
– EUGÊNIA, POR FAVOR, PEGUE PARA MIM O POTE DE MEL QUE ESTÁ DO LADO DIREITO DA FRUTEIRA!

LUCIANA PERGUNTOU À EUGÊNIA:
– EUGÊNIA, ONDE FICA SEU QUARTO?

A MENINA RESPONDEU:
– É SÓ SEGUIR ATÉ A SEGUNDA PORTA DO SEU LADO ESQUERDO!

- AGORA PENSE E RESPONDA: COMO EUGÊNIA E LUCIANA PUDERAM ENCONTRAR O QUE ESTAVAM PROCURANDO?

3. FAÇA O CONTORNO DE UMA DE SUAS MÃOS.

4. QUAL MÃO VOCÊ CONTORNOU?

☐ MÃO ESQUERDA.   ☐ MÃO DIREITA.

29

PERISCÓPIO

📖 PARA LER

MANUELA, DE REGINA RENNÓ. SÃO PAULO: EDITORA DO BRASIL, 2005.
O QUE É SER DIFERENTE? O QUE É SER IGUAL? DESCUBRA NESSE LIVRO NOVAS IDEIAS SOBRE O QUE NOS CERCA!

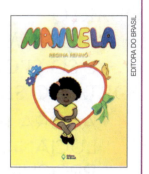

FAMÍLIA TODO MUNDO TEM, DE DENISE MOURA DE OLIVEIRA. TATUÍ: CASA PUBLICADORA BRASILEIRA, 2016.
CONHEÇA AS FAMÍLIAS DIFERENTES NESSE LIVRO DIVERTIDO.

SOU INDÍGENA E SOU CRIANÇA, DE CÉSAR OBEID. SÃO PAULO: MODERNA, 2014.
CONHEÇA MELHOR AS CRIANÇAS E OS POVOS INDÍGENAS DO BRASIL, SEUS COSTUMES E TRADIÇÕES NESSE LINDO LIVRO.

▶ PARA ASSISTIR

LILO E STITCH, DIREÇÃO DE CHRIS SANDERS E DEAN DEBLOIS, 2001.
LILO ADORA ANIMAIS E RESOLVE ADOTAR UM CÃOZINHO. ACONTECE QUE STITCH NÃO ERA BEM UM CÃOZINHO... PREPARE-SE PARA UMA AVENTURA QUE RETRATA UMA FAMÍLIA SEM IGUAL!

UNIDADE 2
EU, MEU GRUPO E OUTROS GRUPOS

1. O QUE VOCÊ ACHA DE DAR VIDA E MOVIMENTO À CENA ABAIXO? DESENHE VIZINHOS E AMIGOS CONVERSANDO E BRINCANDO.

EU E OS OUTROS

EM TODO O MUNDO EXISTEM CRIANÇAS QUE, COMO VOCÊ, FAZEM DIFERENTES ATIVIDADES DURANTE O DIA.

OBSERVE AS IMAGENS.

MEU NOME É JAVIER. MORO EM UMA CIDADE NO LITORAL DO MÉXICO, NA AMÉRICA DO NORTE. GERALMENTE, MEU DIA É ASSIM:

ILUSTRAÇÕES: JOSÉ WILSON MAGALHÃES

MEU NOME É LEMA. MORO EM GANA, NA ÁFRICA. ALGUMAS VEZES, MEU DIA É ASSIM:

1. CONTE AO PROFESSOR E AOS COLEGAS O QUE O JAVIER E A LEMA FAZEM DURANTE O DIA E COMO É O LUGAR ONDE VIVEM.

2. AGORA COMPARE O DIA A DIA DAS CRIANÇAS COM O SEU E RESPONDA:
   - ALGUMA DAS ATIVIDADES QUE JAVIER OU LEMA REALIZAM É PARECIDA COM AS QUE VOCÊ FAZ?
   - O QUE ELES FAZEM DIFERENTE DE VOCÊ?

AS PREFERÊNCIAS DE CADA UM

AS PESSOAS FAZEM COISAS DIFERENTES NO DIA A DIA, NÃO É MESMO? ELAS TÊM MANEIRAS DIFERENTES DE PENSAR E DE AGIR.

O QUE AS CRIANÇAS FAZEM DE DIFERENTE NA HORA DO RECREIO? OBSERVE AS FOTOGRAFIAS E PINTE O QUADRINHO COM A RESPOSTA CORRETA.

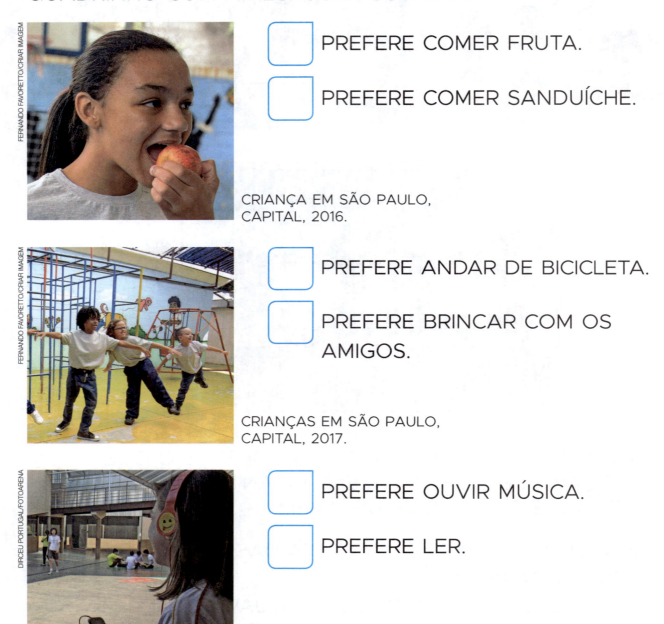

☐ PREFERE COMER FRUTA.

☐ PREFERE COMER SANDUÍCHE.

CRIANÇA EM SÃO PAULO, CAPITAL, 2016.

☐ PREFERE ANDAR DE BICICLETA.

☐ PREFERE BRINCAR COM OS AMIGOS.

CRIANÇAS EM SÃO PAULO, CAPITAL, 2017.

☐ PREFERE OUVIR MÚSICA.

☐ PREFERE LER.

CRIANÇA EM CAMPO MOURÃO, PARANÁ, 2015.

PRECISAMOS UNS DOS OUTROS

ENTRE AS ATIVIDADES QUE REALIZAMOS NO DIA A DIA, ALGUMAS PODEMOS FAZER SOZINHOS. PARA REALIZAR OUTRAS, NO ENTANTO, PRECISAMOS DA AJUDA DE ALGUÉM E ATÉ MESMO DE UM GRUPO DE PESSOAS.

1. DESENHE AO LADO DE CADA IMAGEM O SÍMBOLO CORRESPONDENTE ÀS ATIVIDADES QUE:

PODEMOS FAZER SOZINHOS;

PRECISAMOS DA AJUDA DE ALGUÉM;

PODEMOS FAZER EM GRUPO.

INVESTIGANDO A REDONDEZA

CONHECENDO AS PESSOAS

MUITAS VEZES PENSAMOS QUE NOSSOS AMIGOS SÃO SOMENTE AQUELES QUE ESTUDAM CONOSCO, OS QUE MORAM NO MESMO PRÉDIO OU NA CASA AO LADO.

ENTRETANTO, PODEM EXISTIR MUITAS OUTRAS PESSOAS QUE FAZEM PARTE DE NOSSA VIDA, E ELAS PODEM SER BEM DIFERENTES UMAS DAS OUTRAS.

TRACE A LINHA SEGUINDO O PONTILHADO E CONHEÇA OS AMIGOS DE VERINHA.

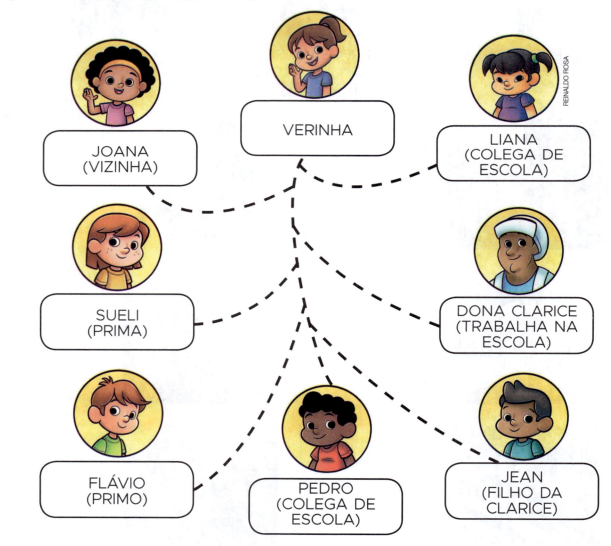

1. SIGA O EXEMPLO DO DESENHO DA LINHA QUE UNE OS AMIGOS DE VERINHA E TRACE UMA LINHA PARA VOCÊ. ESCREVA O NOME DE ALGUNS DE SEUS AMIGOS.

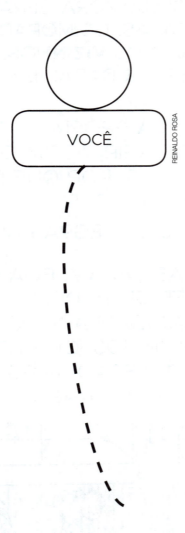

2. CIRCULE CADA NOME DO DESENHO ACIMA COM A COR INDICADA A SEGUIR. PESSOAS QUE EU CONHEÇO:

- DA ESCOLA.
- DE OUTROS LUGARES.
- DA VIZINHANÇA.

A CONVIVÊNCIA COM OS VIZINHOS

A CASA ONDE UMA PESSOA MORA GERALMENTE FICA PERTO DE OUTRAS CASAS. OS MORADORES DAS RESIDÊNCIAS PRÓXIMAS SÃO OS **VIZINHOS**. SÃO PESSOAS QUE PODEM AJUDAR E SER AJUDADAS EM DIVERSAS SITUAÇÕES.

- CADA PESSOA TEM SUA PRÓPRIA MANEIRA DE SER, DE PENSAR E DE AGIR, ASSIM COMO SUAS PRÓPRIAS PREFERÊNCIAS. POR QUE É IMPORTANTE RESPEITAR ESSAS DIFERENÇAS?
- VOCÊ CONHECE ALGUMA REGRA PARA ISSO?

1. PENSANDO EM REGRAS PARA A BOA CONVIVÊNCIA, CIRCULE A CARINHA FELIZ NA DESCRIÇÃO DE ATITUDES QUE NOS AJUDAM A MANTER BOAS RELAÇÕES COM OS VIZINHOS; OU CARINHA TRISTE NAS ATITUDES NEGATIVAS, AQUELAS QUE NÃO DEVEMOS TER COM A VIZINHANÇA.

IMAGEM

OBSERVE A FOTOGRAFIA A SEGUIR:

A IMAGEM MOSTRA DUAS PESSOAS QUE MORAM UMA AO LADO DA OUTRA. ELAS SÃO VIZINHAS. CONVERSE COM OS COLEGAS E O PROFESSOR SOBRE O QUE ELAS ESTÃO FAZENDO.

A CONVIVÊNCIA NOS ESPAÇOS PÚBLICOS

ONDE VOCÊ MORA HÁ ALGUM LUGAR ONDE AS PESSOAS VÃO PARA PASSEAR, BRINCAR OU PRATICAR ESPORTES?

EXISTEM LUGARES QUE AS PESSOAS PODEM USAR PARA SEU LAZER OU COMO ESPAÇO DE CONVIVÊNCIA. ELES SÃO CHAMADOS DE **ESPAÇOS PÚBLICOS**; SÃO PARQUES, PRAÇAS E QUADRAS DE ESPORTES, ENTRE OUTROS. NELES, AS PESSOAS COSTUMAM, POR EXEMPLO, SE ENCONTRAR PARA CONVERSAR, CAMINHAR, DESCANSAR E PRATICAR ESPORTES.

OBSERVE AS FOTOGRAFIAS.

RIO DE JANEIRO, CAPITAL, 2015.

BELÉM, ESTADO DO PARÁ, 2017.

1. O QUE AS PESSOAS ESTÃO FAZENDO:

• NA IMAGEM **A**?

_____

_____

• NA IMAGEM **B**?

_____

_____

2. VOCÊ FREQUENTA ALGUM ESPAÇO PÚBLICO, COMO PARQUES E PRAÇAS? MARQUE COM **X** UMA DAS OPÇÕES A SEGUIR.

☐ NÃO. ☐ SIM.

• COM QUEM VOCÊ COSTUMA IR A ESSE LUGAR?

_____

_____

• O QUE VOCÊ FAZ NESSE LUGAR?

_____

_____

3. CONVERSE COM OS COLEGAS E O PROFESSOR SOBRE O QUE É PRECISO FAZER PARA DEIXAR OS ESPAÇOS PÚBLICOS SEMPRE LIMPOS E ORGANIZADOS. VOCÊ ACHA ISSO IMPORTANTE? EXPLIQUE AOS COLEGAS.

ISTO É CARTOGRAFIA

LOCALIZANDO AS PESSOAS

OBSERVE A FOTOGRAFIA:

TURISTAS CAMINHAM NO JARDIM BOTÂNICO MARIA GARFUNKEL RISCHBIETER, CURITIBA, PARANÁ, 2016.

1. AGORA, COMO SE VOCÊ ESTIVESSE OBSERVANDO A PAISAGEM NA MESMA POSIÇÃO DA MENINA, MARQUE AS ALTERNATIVAS CORRETAS.

- AS FLORES ROSA ESTÃO DO LADO:
  ☐ DIREITO.   ☐ ESQUERDO.

- A MULHER DE VESTIDO AZUL ESTÁ DO LADO:
  ☐ DIREITO.   ☐ ESQUERDO.

- A CALÇADA APARECE DO LADO:
  ☐ DIREITO.   ☐ ESQUERDO.

- AS ÁRVORES ESTÃO DO LADO:
  ☐ DIREITO.   ☐ ESQUERDO.

BRINCADEIRAS NOS ESPAÇOS PÚBLICOS

VOCÊ JÁ VIU QUE MUITAS VEZES OS ESPAÇOS PÚBLICOS SÃO USADOS PARA LAZER E CONVIVÊNCIA. PODEMOS BRINCAR DE DIVERSAS FORMAS NESSES LUGARES. VEJA A IMAGEM ABAIXO.

HELENA COELHO. *PARQUE DAS CRIANÇAS*, 2009. ÓLEO SOBRE TELA, 30 CM × 40 CM.

1. CIRCULE O NOME DAS BRINCADEIRAS QUE APARECEM NA PINTURA.

JOGAR PIÃO

JOGAR *VIDEO GAME*

ESCONDE-ESCONDE

SOLTAR PIPA

JOGAR CARTAS

PULAR CORDA

ANDAR DE BICICLETA

ANDAR DE PATINETE

BRINCAR DE RODA

RODAR CATAVENTO

BRINCAR DE BONECA

2. MARQUE COM UM **X** O ESPAÇO PÚBLICO ONDE AS CRIANÇAS ESTÃO BRINCANDO.

☐ RODOVIÁRIA.

☐ PRAIA.

☐ RUA.

☐ PARQUE.

3. AS CRIANÇAS QUE APARECEM NA PINTURA SÃO:

☐ TODAS IGUAIS.

☐ DIFERENTES UMAS DAS OUTRAS.

BRINCADEIRAS DO PASSADO E DO PRESENTE

OS COSTUMES DAS PESSOAS MUDAM NO DECORRER DO TEMPO. E AS BRINCADEIRAS DE HOJE EM DIA? SERÁ QUE SÃO IGUAIS ÀS DO PASSADO?

AS PINTURAS ABAIXO SÃO DE CANDIDO PORTINARI, UM IMPORTANTE ARTISTA BRASILEIRO. ELE NASCEU NA CIDADE DE BRODOWSKI, NO ESTADO DE SÃO PAULO, EM 1903.

CANDIDO PORTINARI. *CAMBALHOTA*, 1958. ÓLEO EM MADEIRA, 59,5 CM × 72,5 CM.

CANDIDO PORTINARI. *RODA INFANTIL*, 1932. ÓLEO SOBRE TELA, 39 CM × 47 CM.

CANDIDO PORTINARI. *MENINO COM PIÃO*, 1947. ÓLEO SOBRE TELA, 65 CM × 54 CM.

1. AS PINTURAS FEITAS POR PORTINARI MOSTRAM BRINCADEIRAS DA SUA ÉPOCA DE CRIANÇA. ESCREVA, NOS QUADRINHOS JUNTO DE CADA PINTURA, A PRIMEIRA LETRA DO NOME DA BRINCADEIRA.

- R – RODA
- P – PIÃO
- C – CAMBALHOTA

2. VOCÊ CONHECE ESSAS BRINCADEIRAS?

☐ SIM.   ☐ NÃO.

3. O QUE VOCÊ ACHA QUE PODE TER MUDADO NAS BRINCADEIRAS DA ÉPOCA EM QUE CANDINHO ERA CRIANÇA EM RELAÇÃO ÀS DE AGORA? CONTE AOS COLEGAS E AO PROFESSOR.

4. VEJA AS IMAGENS ABAIXO E ENCONTRE SEMELHANÇAS E DIFERENÇAS ENTRE ALGUNS BRINQUEDOS DO PASSADO E DO PRESENTE. PEÇA AJUDA AO PROFESSOR PARA COMPLETAR O QUADRO.

	SEMELHANÇAS	DIFERENÇAS
BOLA	AS BOLAS SÃO REDONDAS.	
BONECA	SÃO COMO BEBÊS.	
CARRINHO	SÃO MINIATURAS DE CARROS.	

DE QUE SÃO FEITOS OS BRINQUEDOS?

PARA FABRICAR OS BRINQUEDOS SÃO USADOS DIFERENTES TIPOS DE MATERIAIS. VOCÊ CONHECE ALGUNS DESSES MATERIAIS?

LIGUE CADA OBJETO AO MATERIAL DE QUE ELE É FEITO.

TECIDO

PLÁSTICO

COURO

METAL

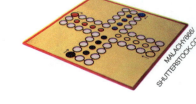

MADEIRA

PAPEL

49

RETOMADA

1. OBSERVE AS DUAS CENAS. HÁ PESSOAS QUE APARECEM NOS DOIS DESENHOS. CIRCULE ESSAS PESSOAS NO SEGUNDO QUADRO.

2. DESENHE OU ESCREVA DUAS ATIVIDADES QUE:

- FAZEMOS SOZINHOS;
- FAZEMOS EM GRUPO.

3. QUAIS SÃO AS PEÇAS VIZINHAS UMA DA OUTRA? RECORTE DA PÁGINA 95, EMBARALHE-AS E COLE-AS AQUI.

- QUE IMAGEM SURGIU QUANDO VOCÊ UNIU AS PEÇAS?

PERISCÓPIO

📖 PARA LER

O QUE FAZER? – FALANDO DE CONVIVÊNCIA, DE LILIANA IACOCCA E MICHELE IACOCCA. SÃO PAULO: ÁTICA, 2010.
COMO CONVIVER MELHOR COM AS PESSOAS QUE ESTÃO PERTO DE NÓS, COMO NOSSOS VIZINHOS? DESCUBRA NESSA DELICIOSA LEITURA!

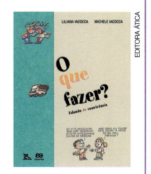

VOCÊ QUER SER MEU AMIGO?, DE ÉRIC BATTUT. SÃO PAULO: FTD, 2012.
O RATINHO VERDE PARTE EM BUSCA DE UM AMIGO. EM SUA JORNADA, ELE ENCONTRA MUITOS BICHOS. MAS SERÁ QUE ELES QUEREM SER AMIGOS DELE?

DO OUTRO LADO DA RUA, DE CRIS EICH. CURITIBA: POSITIVO, 2011.
UM GRUPO DE CRIANÇAS SAIU PARA BRINCAR, MAS NINGUÉM IMAGINAVA A SURPRESA QUE O AGUARDAVA NO OUTRO LADO DA RUA. VAMOS DESCOBRIR O QUE HÁ POR TRÁS DAS APARÊNCIAS?

▶ PARA ASSISTIR

UP – ALTAS AVENTURAS, DIREÇÃO DE PETE DOCTER E BOB PETERSON, 2009.
A AMIZADE ENTRE UM SENHOR IDOSO E UM MENINO CRESCE À MEDIDA QUE VÃO SE CONHECENDO MELHOR E, JUNTOS, VIVEM ALTAS AVENTURAS!

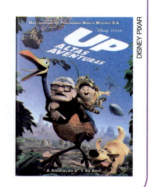

OS LUGARES DO DIA A DIA

1. TRACE NO DESENHO O CAMINHO MAIS CURTO PARA:
- A MENINA IR DE SUA CASA ATÉ A ESCOLA.
- O MENINO IR DA ESCOLA ATÉ A BIBLIOTECA PÚBLICA.
- O AVÔ IR DE CASA ATÉ O SUPERMERCADO.

53

A CASA

SUA CASA É UM LUGAR ESPECIAL? COMO ELA É? QUEM VIVE NELA COM VOCÊ?

COM A AJUDA DO PROFESSOR, LEIA O TEXTO A SEGUIR.

NOSSA CASA ERA TÃO PERTO DA ESTRADA DE FERRO, QUE BALANÇAVA NA PASSAGEM DO TREM.

[...] A CASA ERA RODEADA DE MATO E AS GALINHAS VIVIAM SOLTAS.

ADÉLIA PRADO. *QUANDO EU ERA PEQUENA*. RIO DE JANEIRO: RECORD, 2007. P. 20.

1. PINTE NO TEXTO A PALAVRA **CASA**.

2. O QUE HAVIA PRÓXIMO À CASA DESCRITA NO TEXTO? PINTE OS QUADRINHOS DAS RESPOSTAS CORRETAS.

☐ UMA LINHA DE TREM.   ☐ UMA TORRE.

☐ GALINHAS SOLTAS.   ☐ UM RIO.

TIPOS DE CASA

AS CASAS PODEM SER BEM DIFERENTES UMAS DAS OUTRAS, NÃO É MESMO? OBSERVE A SEGUIR COMO SÃO AS CASAS E AS FAMÍLIAS DE ALGUMAS CRIANÇAS.

ESSA É A CASA DE FRANCISCO, ELE MORA COM OS PAIS E O IRMÃO.

JAIME MORA COM A MÃE E A AVÓ. ESSE É O APARTAMENTO DELE.

JULIANA MORA NESSA CASA COM OS PAIS, DOIS IRMÃOS E UMA TIA.

AS CASAS QUE VOCÊ VIU FORAM CONSTRUÍDAS DE MANEIRAS DIFERENTES. ELAS TÊM FORMAS, CORES E TAMANHOS VARIADOS. AS FAMÍLIAS TAMBÉM SÃO DIFERENTES.

1. LEMBRE-SE DE SUA CASA. IMAGINE QUE VOCÊ ESTÁ **OLHANDO DE FRENTE** PARA ELA. FECHE OS OLHOS E PENSE NA COR DAS PORTAS, DAS JANELAS, SE EXISTEM GRADES, VASOS DE PLANTAS E OUTROS DETALHES. DESENHE SUA CASA NO QUADRO ABAIXO.

2. LIGUE A DESCRIÇÃO DE CADA CASA AO DESENHO CORRESPONDENTE A ELA.

ESSE TIPO DE MORADIA TEM APENAS UM ANDAR. DENTRO DELA, GERALMENTE NÃO HÁ ESCADAS. ESSA MORADIA É CHAMADA DE **CASA TÉRREA**.

O **SOBRADO** É UM TIPO DE MORADIA QUE TEM DOIS ANDARES. AS PESSOAS USAM A ESCADA PARA IR DE UM ANDAR A OUTRO.

OS **APARTAMENTOS** SÃO MORADIAS LOCALIZADAS EM PRÉDIOS COM DIVERSOS ANDARES. NOS PRÉDIOS VIVEM VÁRIAS FAMÍLIAS.

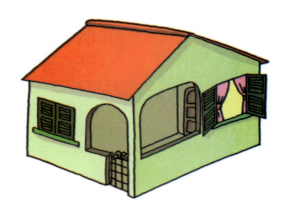

3. OBSERVE NOVAMENTE AS IMAGENS DA PÁGINA 55, QUE MOSTRAM AS CASAS DE FRANCISCO, JAIME E JULIANA. EM SEGUIDA, PINTE O QUADRINHO COM AS RESPOSTAS CORRETAS.

- FRANCISCO MORA EM:

| UMA CASA TÉRREA. | UM PRÉDIO DE APARTAMENTOS. | UM SOBRADO. |

- JAIME MORA EM:

| UMA CASA TÉRREA. | UM PRÉDIO DE APARTAMENTOS. | UM SOBRADO. |

- JULIANA MORA EM:

| UMA CASA TÉRREA. | UM PRÉDIO DE APARTAMENTOS. | UM SOBRADO. |

- VOCÊ MORA EM:

| UMA CASA TÉRREA. | UM SOBRADO. |

| UM PRÉDIO DE APARTAMENTOS. | OUTRO TIPO DE CASA. |

4. PERGUNTE AOS SEUS COLEGAS EM QUE TIPO DE MORADIA ELES VIVEM.

GIRAMUNDO

OS ANIMAIS E SUAS CASAS

OS ANIMAIS PROCURAM ABRIGOS OU CONSTROEM NINHOS E TOCAS PARA MORAR. SÃO LUGARES IMPORTANTES PARA SUA SOBREVIVÊNCIA. NESSES LUGARES, ELES PROTEGEM E CRIAM SEUS FILHOTES. ALGUMAS ESPÉCIES ATÉ GUARDAM ALIMENTOS, COMO AS FORMIGAS.

VEJA AS IMAGENS E OUÇA AS EXPLICAÇÕES DE SEU PROFESSOR.

OS LOBOS-GUARÁ FAZEM TOCAS ENTRE PEDRAS E PEQUENAS CAVERNAS. ELES PROTEGEM OS FILHOTES ATÉ QUE CRESÇAM E POSSAM CAÇAR SOZINHOS.

OS CAVALOS-MARINHOS USAM AS ÁGUAS CALMAS DO **MANGUEZAL** PARA TER SEUS FILHOTES EM SEGURANÇA.

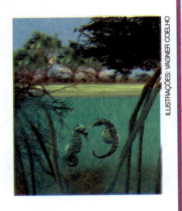

MANGUEZAL: TIPO DE VEGETAÇÃO QUE CRESCE EM ÁREAS DO LITORAL.

AS FORMIGAS CONSTROEM TÚNEIS SOB A TERRA PARA PROTEGER SEU GRUPO E GUARDAR OS ALIMENTOS DE QUE NECESSITAM PARA SOBREVIVER.

ILUSTRAÇÕES: VAGNER COELHO

PARA SABER MAIS

A CASA DO JOÃO-DE-BARRO

AS AVES CONSTROEM NINHOS PARA PROTEGER SEUS FILHOTES ATÉ QUE ELES COMECEM A VOAR. O JOÃO-DE-BARRO É UMA ESPÉCIE DE AVE QUE CONSTRÓI O NINHO DE MODO PARECIDO COM UMA CASA. LÁ ELE SE PROTEGE DA CHUVA, DO VENTO E DO CALOR INTENSO DO SOL.

1. AS IMAGENS MOSTRAM AS ETAPAS DA CONSTRUÇÃO DA CASA DO JOÃO-DE-BARRO, MAS ELAS ESTÃO FORA DE ORDEM! MARQUE NOS QUADRINHOS OS NÚMEROS **1**, **2**, **3** E **4** PARA ORDENAR AS ETAPAS DA CONSTRUÇÃO.

ILUSTRAÇÕES: VAGNER COELHO

2. AGORA, CRIE UMA HISTÓRIA SOBRE O JOÃO-DE-BARRO E A CONSTRUÇÃO DA CASA DELE. CONTE ESSA HISTÓRIA AOS COLEGAS.

A ESCOLA

EM SUA OPINIÃO, A ESCOLA É UM LUGAR ESPECIAL? POR QUÊ?

1. MARQUE NOS QUADRINHOS A SEGUIR QUAIS SÃO OS DIAS DA SEMANA EM QUE VOCÊ VAI À ESCOLA.

☐ DOMINGO

☐ SEGUNDA-FEIRA

☐ TERÇA-FEIRA

☐ QUARTA-FEIRA

☐ QUINTA-FEIRA

☐ SEXTA-FEIRA

☐ SÁBADO

2. QUANTOS DIAS DA SEMANA VOCÊ VAI À ESCOLA?

_____

PASSAMOS VÁRIAS HORAS NA ESCOLA DURANTE OS DIAS DA SEMANA. É NA ESCOLA QUE APRENDEMOS MUITAS COISAS IMPORTANTES PARA NOSSA VIDA. TODAS AS CRIANÇAS TÊM O DIREITO DE FREQUENTAR A ESCOLA E DE APRENDER.

AS ESCOLAS SÃO DIFERENTES

VOCÊ CONHECE OUTRA ESCOLA ALÉM DA SUA? ELA É PARECIDA COM A SUA OU É DIFERENTE DELA? SERÁ QUE AS ESCOLAS SÃO IGUAIS?

VEJA O DESENHO QUE MARIANA FEZ DA ESCOLA DELA.

- COMO É A ESCOLA DO DESENHO? ELA É GRANDE OU PEQUENA, ALTA OU BAIXA?
- QUAIS SÃO AS CORES DELA?
- ELA É PARECIDA COM SUA ESCOLA?

VOCÊ JÁ ESTUDOU QUE AS CASAS SÃO DIFERENTES UMAS DAS OUTRAS. COM AS ESCOLAS TAMBÉM É ASSIM. CADA UMA É CONSTRUÍDA DE ACORDO COM O LUGAR E AS NECESSIDADES DOS ALUNOS QUE LÁ ESTUDAM.

1. OS DESENHOS ABAIXO MOSTRAM QUATRO ESCOLAS DIFERENTES. ORDENE-AS DA **MENOR** PARA A **MAIOR**. PARA ISSO, USE OS NÚMEROS.

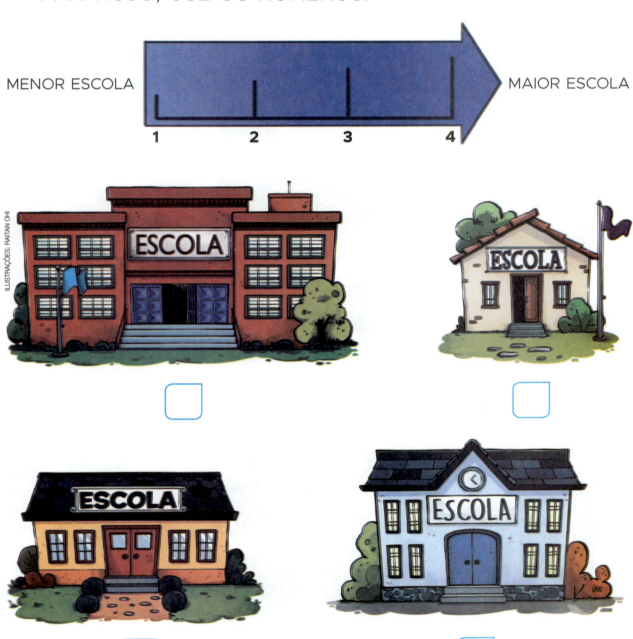

CONHECENDO A ESCOLA

COM O PROFESSOR E OS COLEGAS, FAÇA UM PASSEIO PARA CONHECER SUA ESCOLA E AS PESSOAS QUE TRABALHAM NELA.

1. APÓS O PASSEIO, CIRCULE, ENTRE OS OBJETOS ABAIXO, AQUELES QUE VOCÊ OBSERVOU EM SUA ESCOLA.

2. AGORA, DESENHE OUTROS OBJETOS QUE VOCÊ VIU NO PASSEIO PELA ESCOLA E QUE CHAMARAM SUA ATENÇÃO. ESCREVA O NOME DO OBJETO AO LADO DE SEU DESENHO.

3. CIRCULE OS PROFISSIONAIS QUE TRABALHAM EM SUA ESCOLA.

 PROFESSORA DE EDUCAÇÃO FÍSICA

 VETERINÁRIA

 AGRICULTORA

 SECRETÁRIO

 BIBLIOTECÁRIO

 AVIADOR

A SALA DE AULA

A SALA DE AULA É ONDE PASSAMOS A MAIOR PARTE DO TEMPO QUANDO ESTAMOS NA ESCOLA. É ONDE APRENDEMOS COM OS PROFESSORES E CONVIVEMOS COM OS COLEGAS. NELA TAMBÉM FAZEMOS MUITAS ATIVIDADES. PARA ALGUMAS, PRECISAMOS PRESTAR MUITA ATENÇÃO E FAZER SILÊNCIO. PARA OUTRAS, PRECISAMOS CONVERSAR E TROCAR IDEIAS.

1. DIGA O NOME DE DUAS ATIVIDADES QUE VOCÊ FAZ EM SALA DE AULA.

2. QUAIS SÃO AS ATIVIDADES DE QUE VOCÊ MAIS GOSTA?

3. JUNTO COM O PROFESSOR E OS COLEGAS, CONTE QUANTAS MENINAS E QUANTOS MENINOS HÁ NA TURMA. CASO ALGUM COLEGA TENHA FALTADO, NÃO SE ESQUEÇA DE CONTÁ-LO.

    • COM A AJUDA DO PROFESSOR, PREENCHA A TABELA ABAIXO COM OS NÚMEROS QUE VOCÊS ENCONTRARAM.

	NÚMERO DE ALUNOS
MENINAS	
MENINOS	
TOTAL DE ALUNOS NA SALA DE AULA	

4. OBSERVE A SALA DE AULA DO DESENHO ABAIXO.

- COMPARE A SALA DE AULA DA IMAGEM COM SUA SALA DE AULA.
- FAÇA UM **X** NOS OBJETOS QUE VOCÊ VÊ NA IMAGEM E QUE **TAMBÉM** PODEM SER ENCONTRADOS EM SUA SALA.
- COMPLETE A IMAGEM COM OS OBJETOS QUE HÁ EM SUA SALA DE AULA E QUE NÃO APARECEM NO DESENHO.

AS RUAS E OUTROS CAMINHOS

A CASA E A ESCOLA SÃO LUGARES ESPECIAIS FREQUENTADOS POR VOCÊ. OS CAMINHOS QUE LIGAM ESSES LUGARES TAMBÉM SÃO IMPORTANTES EM NOSSA VIVÊNCIA. NAS RUAS, POR EXEMPLO, OBSERVAMOS AS PESSOAS E SUAS ATIVIDADES.

AS RUAS PODEM SER BEM DIFERENTES UMAS DAS OUTRAS. ALGUMAS SÃO MAIS MOVIMENTADAS, COM CARROS, PESSOAS, BICICLETAS E ÔNIBUS. EXISTEM TAMBÉM RUAS ESTREITAS E RUAS LARGAS. HÁ AINDA RUAS COM MUITAS LOJAS, E OUTRAS COM MUITAS CASAS.

1. RECORTE DO ENCARTE DA PÁGINA 95 AS FIGURAS DE DUAS RUAS. APÓS A LEITURA DA DESCRIÇÃO DE CADA RUA, COLE NOS QUADROS A SEGUIR A FIGURA CORRESPONDENTE A CADA UMA.

ANDRÉ: "MINHA RUA É ESTREITA E TEM POUCAS ÁRVORES. ELA É ASFALTADA, MAS A CALÇADA É DE TERRA. NO FIM DA RUA ESTÁ A PRAIA. AS LÂMPADAS DE ALGUNS POSTES ESTÃO QUEIMADAS, POR ISSO A RUA FICA ESCURA À NOITE".

CLÁUDIA: "MINHA RUA É LARGA, ASFALTADA E MUITO MOVIMENTADA. NELA HÁ MUITOS ESTABELECIMENTOS COMERCIAIS, COMO PADARIAS, SUPERMERCADOS, LOJAS DE ROUPAS E DE FERRAGENS".

- AGORA É SUA VEZ. PENSE EM COMO É A RUA ONDE VOCÊ MORA. DESENHE-A NO QUADRO ABAIXO DA MANEIRA COMO A CONHECE.

CONSTRUIR UM MUNDO MELHOR

🔔 REGRAS: A ESCOLA TAMBÉM TEM!

1. OBSERVE COM ATENÇÃO O DESENHO ABAIXO. DEPOIS CONVERSE COM OS COLEGAS E O PROFESSOR E RESPONDAM:

- DO QUE AS CRIANÇAS ESTÃO BRINCANDO?

- VOCÊS CONHECEM ESSA BRINCADEIRA E SUAS REGRAS? QUAIS SÃO ELAS? CONVERSEM SOBRE ESSAS REGRAS.

ASSIM COMO NA BRINCADEIRA DE **ESCONDE--ESCONDE**, EM MUITOS OUTROS JOGOS E LUGARES QUE VOCÊ FREQUENTA NO DIA A DIA EXISTEM REGRAS. POR EXEMPLO, NO TRÂNSITO, EM CASA E NA ESCOLA. NA SALA DE AULA TAMBÉM HÁ REGRAS, NÃO É MESMO?

2. COMPARE AS CENAS A SEGUIR E ENCONTRE DIFERENÇAS DE ATITUDE EM RELAÇÃO A REGRAS. CIRCULE, NA SEGUNDA CENA, AS ATITUDES QUE MOSTRAM QUE AS REGRAS ESTÃO SENDO SEGUIDAS.

ILUSTRAÇÕES: RAITAN OHI

3. EM UMA CONVERSA COM OS COLEGAS E O PROFESSOR, RELEMBRE ALGUMAS REGRAS DA ESCOLA. O PROFESSOR DESENHARÁ NA LOUSA UM QUADRO, DE ACORDO COM O MODELO ABAIXO, E ANOTARÁ AS REGRAS, CADA UMA EM SEU LUGAR.

REGRAS DA ESCOLA	REGRAS DA SALA DE AULA

1. LIGUE CADA CASA À SUA SOMBRA.

2. AS CASAS DESENHADAS A SEGUIR TÊM A MESMA QUANTIDADE DE PORTAS E JANELAS. APENAS UMA É DIFERENTE. CIRCULE-A.

3. NO QUADRO ABAIXO, DESENHE SUA ESCOLA. VOCÊ PODE DESENHÁ-LA COMO SE ESTIVESSE OLHANDO DE FRENTE PARA ELA. DEPOIS DE PRONTO O DESENHO, OBSERVE O QUE OS COLEGAS DESENHARAM.

4. ALGUMAS PESSOAS GOSTAM DE IMAGINAR SUA RUA DE MODO DIFERENTE DA REALIDADE. VEJA COMO O ARTISTA DESENHOU ESTA RUA. ELE CHAMOU SUA OBRA DE **CENA URBANA**.

ROBERTO MAGALHÃES. *CENA URBANA*, 1983. ÓLEO SOBRE TELA, 81 CM × 130 CM.

- AGORA É SUA VEZ. NO CADERNO, SOLTE SUA IMAGINAÇÃO E CRIE UM DESENHO COM O TEMA **RUA**.

PERISCÓPIO

📖 PARA LER

CADA CASA CASA COM CADA UM, DE ELLEN PESTILI. SÃO PAULO: EDITORA DO BRASIL, 2013.
NESSE LIVRO VOCÊ VAI CONHECER UM POUCO MELHOR A MORADIA E OS COSTUMES DOS ANIMAIS.

REVOLUÇÃO NO FORMIGUEIRO, DE NYE RIBEIRO. SÃO PAULO: EDITORA DO BRASIL, 2013.
VEJA A CASA DAS FORMIGAS! CONHEÇA AS REGRAS DENTRO DE UM FORMIGUEIRO COM SOFIA, UMA FORMIGUINHA MUITO QUESTIONADORA.

A RUA DO MARCELO, DE RUTH ROCHA. SÃO PAULO: SALAMANDRA, 2001. (SÉRIE MARCELO, MARMELO, MARTELO).
O MENINO MARCELO NOS CONTA COMO SÃO SUA RUA, SEUS VIZINHOS E AMIGOS.

NÃO QUERO... IR À ESCOLA, DE ANA OOM. SÃO PAULO: FTD, 2014.
SIMÃO ACORDAVA MAL-HUMORADO E NÃO QUERIA IR À ESCOLA. SEMPRE INVENTAVA UMA DESCULPA. UM DIA, FINALMENTE FALTOU, MAS, QUANDO SOUBE O QUE ACONTECEU... SERÁ QUE SE ARREPENDEU?

UNIDADE 4
O AMBIENTE À NOSSA VOLTA

OBSERVE ATENTAMENTE A IMAGEM A SEGUIR.

PESSOAS PASSEANDO E JOVEM ANDANDO DE SKATE NO PARQUE NOVA POTYCABANA. TERESINA, PIAUÍ, 2015.

1. O QUE MOSTRA A FOTOGRAFIA?

2. VOCÊ GOSTARIA DE IR A UM LUGAR COMO ESSE? POR QUÊ?

◈ O LUGAR ONDE VIVEMOS

COMO É O LUGAR ONDE VOCÊ VIVE? FAZ CALOR O ANO TODO? OU EM ALGUNS MESES FAZ FRIO? HÁ MUITAS OU POUCAS ÁRVORES? É PRÓXIMO AO MAR?

PRESTE ATENÇÃO NA LEITURA DO TEXTO.

QUANDO LILI ABRIU SEUS OLHOS, VIU O SOL ESPALHAR CORES PELO QUARTO! ELA CORREU PARA O JARDIM COM IMENSA FELICIDADE:

– FLORES! É SETEMBRO! É PRIMAVERA!

ISABELA SANTOS

[...] LILI FOI SE REFRESCAR DEBAIXO DE UMA ÁRVORE, NO QUINTAL DE SUA MÃE. UMA JABUTICABA CAIU AO SEU LADO E LILI FICOU CURIOSA [...]

SUA MÃE SORRIU, COMO SEMPRE FAZIA, E RESPONDEU:

– É DEZEMBRO! E, NO VERÃO, AS FRUTINHAS CAEM PARA ESPALHAR AS SEMENTINHAS. [...]

LILI PASSOU O DIA INTEIRO NO JARDIM, COM AS AMIGUINHAS. DE REPENTE, UMA BRISA GELADA ARREPIOU A SUA PELE. SUA MÃE APARECEU COM UM CASACO PARA DEIXÁ-LA BEM AGASALHADA.

– COMEÇOU O OUTONO, FILHA. É MARÇO.

[...]

AS ÁRVORES TINHAM PERDIDO AS FOLHAS, OS ARBUSTOS FICARAM TÍMIDOS PELO VENTO FRIO E AS PLANTAS ESTAVAM SEM O ENCANTO DAS FLORES.

– É INVERNO! É JULHO!, DISSE A MÃE DE LILI.

ROBERTO BELLI. *ESTAÇÕES DO ANO...*
BLUMENAU: TODOLIVRO EDITORA, 2011. P. 3; 10-12; 16-17; 23.

1. O LUGAR ONDE LILI VIVE MUDA DURANTE O ANO, NÃO É MESMO? E ONDE VOCÊ VIVE? É PARECIDO COM O LUGAR ONDE ELA MORA? CONVERSE COM OS COLEGAS SOBRE ISSO.

2. PINTE AS PALAVRAS NO TEXTO:
- PRIMAVERA
- VERÃO
- OUTONO
- INVERNO

3. MARQUE COM UM **X** AS ALTERNATIVAS QUE INDICAM O QUE LILI PERCEBEU DURANTE AS ESTAÇÕES.

- NA PRIMAVERA

  ☐ O SOL ESPALHOU CORES PELO QUARTO.

  ☐ CHOVEU O DIA TODO.

- NO VERÃO

  ☐ CAI MUITA NEVE DO CÉU.

  ☐ AS FRUTAS CAEM PARA ESPALHAR SEMENTES.

- NO OUTONO

  ☐ SENTIU UMA BRISA GELADA NO JARDIM.

  ☐ TODO O CHÃO SE COBRIU DE FLORES.

- NO INVERNO

  ☐ AS FRUTAS CAEM DO PÉ.

  ☐ AS ÁRVORES PERDEM AS FOLHAS.

CADA LUGAR TEM CARACTERÍSTICAS ÚNICAS, OU SEJA, OS LUGARES SÃO DIFERENTES UNS DOS OUTROS. VEJA ALGUNS EXEMPLOS.

EM GRANDE PARTE DO BRASIL, A ESTAÇÃO DO VERÃO É QUENTE E CHOVE EM MUITOS DIAS. PESSOAS PASSEANDO EM PRAIA DA CIDADE DO RIO DE JANEIRO, RIO DE JANEIRO, 2016.

EM PAÍSES COMO O CANADÁ, O VERÃO É BEM DIFERENTE DO VERÃO NO BRASIL. AS TEMPERATURAS SÃO MAIS BAIXAS QUE AS DAQUI E NÃO CHOVE MUITO. PESSOAS EM PARQUE DE VANCOUVER, CANADÁ, 2017.

EM GRANDE PARTE DO BRASIL, O INVERNO É SECO E QUENTE. PESSOAS CAMINHANDO EM TERESINA, PIAUÍ, 2015.

NO CANADÁ, O INVERNO É BEM FRIO E NEVA EM TODO O PAÍS. PESSOAS CAMINHANDO POR CALÇADA COM NEVE. MONTREAL, CANADÁ, 2015.

O QUE VESTIR?

AS CRIANÇAS ESTÃO SAINDO DE FÉRIAS! ELAS VIAJARÃO PARA LUGARES DIFERENTES. VEJA.

JAQUELINE VAI PARA A PRAIA. LÁ FAZ MUITO CALOR.

MATEUS VAI PARA A SERRA. LÁ É FRIO.

1. CIRCULE COM UMA COR AS PEÇAS QUE JAQUELINE DEVERÁ LEVAR PARA SUA VIAGEM. ESCOLHA OUTRA COR E CIRCULE AS PEÇAS QUE MATEUS DEVERÁ LEVAR EM SUAS FÉRIAS.

◆ O QUE EXISTE NOS LUGARES

ENCONTRE, NO LABIRINTO, O CAMINHO QUE LEVA A ÁRVORE ATÉ A PALAVRA **NATUREZA**. E O CARRO ATÉ A PALAVRA **SERES HUMANOS**.

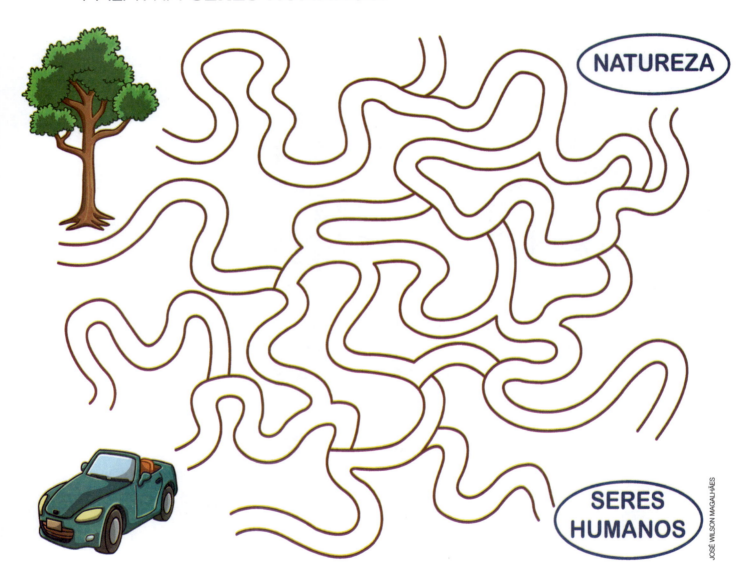

NOS LUGARES POR ONDE PASSAMOS, EXISTEM ELEMENTOS PRÓPRIOS DA NATUREZA E AQUELES QUE FORAM FEITOS PELOS SERES HUMANOS.

A ÁRVORE É UM EXEMPLO DE ELEMENTO DA NATUREZA, E O CARRO É UM EXEMPLO DE UM ELEMENTO QUE FOI CRIADO PELOS SERES HUMANOS.

1. FORME UM CONJUNTO CIRCULANDO OS ELEMENTOS DA NATUREZA E OUTRO CONJUNTO CIRCULANDO OS ELEMENTOS CRIADOS PELOS SERES HUMANOS.

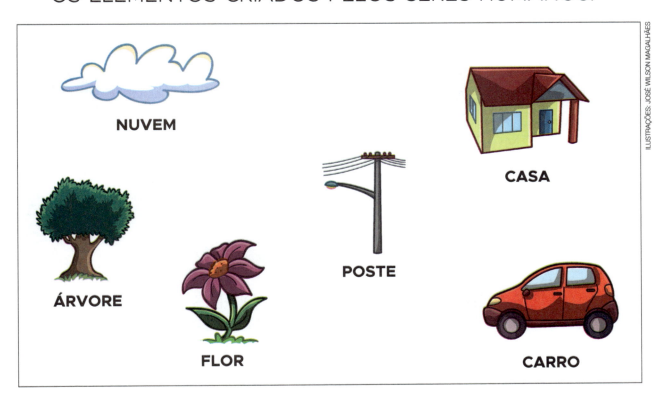

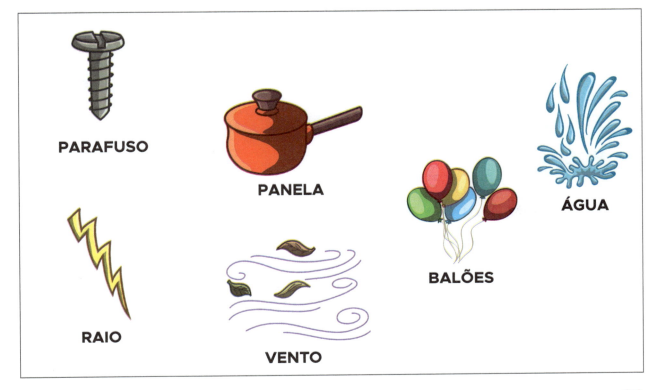

INVESTIGANDO A REDONDEZA

CONHECER ELEMENTOS DA NATUREZA

AS ÁRVORES SÃO ELEMENTOS DA NATUREZA. QUANDO AS OBSERVAMOS, PERCEBEMOS QUE CADA UMA DELAS POSSUI DIFERENTES FORMAS, CORES E TAMANHOS. SUAS FOLHAS TAMBÉM SÃO DIFERENTES UMAS DAS OUTRAS.

VAMOS CONHECER MELHOR AS FOLHAS DAS ÁRVORES? COM A AJUDA DE SEU PROFESSOR SIGA AS ORIENTAÇÕES.

1. COLETEM, NO PÁTIO DA ESCOLA OU EM CASA, ALGUMAS FOLHAS VARIADAS.

2. ESCOLHA DUAS FOLHAS DIFERENTES E RESPONDA MARCANDO UM **X** NA TABELA.

	LISA	ÁSPERA	DURA	MOLE	PEQUENA	GRANDE
FOLHA 1						
FOLHA 2						

3. EM UM PAPEL AVULSO, FAÇA O CONTORNO DAS FOLHAS E PINTE-AS DAS CORES QUE ELAS SÃO.

4. COMPARE SUAS OBSERVAÇÕES COM AS DE SEUS COLEGAS E RESPONDAM JUNTOS: VOCÊS ENCONTRARAM MUITAS FOLHAS DIFERENTES?

LOCALIZANDO OBJETOS

1. OBSERVE CADA UMA DAS CENAS. EM SEGUIDA DESENHE ELEMENTOS DA NATUREZA E OUTROS CRIADOS PELOS SERES HUMANOS PARA COMPLETAR OS DESENHOS.
SIGA AS DICAS DO QUE VOCÊ DEVERÁ DESENHAR:

- UMA ÁRVORE **EM FRENTE** AO LAGO;
- UMA CERCA **EM FRENTE** À ESCOLA;
- UM MORRO **ATRÁS** DAS CASAS;
- UMA BICICLETA **ATRÁS** DA BANCA DE REVISTAS.

83

OBSERVANDO OS LUGARES

VOCÊ TEM O COSTUME DE OBSERVAR O QUE ESTÁ AO SEU REDOR? COMO SÃO OS LUGARES E O QUE EXISTE NELES?

VEJA A PAISAGEM MOSTRADA NA FOTOGRAFIA.

MONTE SANTA VITÓRIA, FRANÇA, 2014.

ESSE É O MONTE SANTA VITÓRIA. ELE ESTÁ LOCALIZADO NO INTERIOR DA FRANÇA, QUE É UM PAÍS DO CONTINENTE EUROPEU.

1. CIRCULE O NOME DE TRÊS ELEMENTOS QUE VOCÊ PODE OBSERVAR NESSA FOTOGRAFIA:

ROCHAS   ÁRVORES   ESTRADA

CÉU   PLACA

85

AGORA VEJA A PAISAGEM DA PINTURA.

PAUL CÉZANNE. *PAISAGEM DO MONTE SAINTE-VICTOIRE*, 1897-1898. ÓLEO SOBRE TELA, 81 CM × 100,5 CM.

ESSE É O MESMO LUGAR QUE VOCÊ VIU NA FOTOGRAFIA ANTERIOR. PORÉM, ESSA É UMA PINTURA FEITA POR UM ARTISTA CHAMADO PAUL CÉZANNE.

CÉZANNE GOSTAVA MUITO DE OBSERVAR AS COISAS AO SEU REDOR. ELE PINTOU MUITAS VEZES A PAISAGEM DO MONTE SANTA VITÓRIA.

2. AGORA, EM UMA CONVERSA COM SEU PROFESSOR E SEUS COLEGAS, RESPONDA:
   - QUE SEMELHANÇAS VOCÊ VÊ ENTRE A FOTOGRAFIA E A PINTURA DO MONTE SANTA VITÓRIA?

- QUE DIFERENÇAS VOCÊ TAMBÉM OBSERVOU?
- DE QUAL IMAGEM VOCÊ MAIS GOSTOU: DA PINTURA OU DA FOTOGRAFIA? POR QUÊ?

ASSIM COMO FAZIA CÉZANNE, PODEMOS DESENHAR E PINTAR AS PAISAGENS QUE OBSERVAMOS.

AGORA VOCÊ É O ARTISTA! OBSERVE UMA PAISAGEM AO SEU REDOR. VOCÊ PODE OLHAR PELA JANELA DE SUA SALA DE AULA OU DA JANELA DE SEU QUARTO, POR EXEMPLO. DESENHE-A NO QUADRO ABAIXO E, USANDO SUA CRIATIVIDADE, PINTE-A COM AS CORES QUE QUISER.

O TEMPO E AS MUDANÇAS NOS LUGARES

SERÁ QUE AS PESSOAS MUDAM NO DECORRER DO TEMPO? E OS LUGARES? SERÁ QUE ELES TAMBÉM MUDAM?

OS ELEMENTOS DA NATUREZA E AQUELES CONSTRUÍDOS PELAS PESSOAS PODEM PASSAR POR TRANSFORMAÇÕES NO DECORRER DO TEMPO. ELES SÃO MODIFICADOS PELA PRÓPRIA NATUREZA OU PELOS SERES HUMANOS.

DESCUBRA O QUE MUDOU NESSE LUGAR. PARA ISSO, MARQUE AS MUDANÇAS NA CENA 2 COM UM **X**.

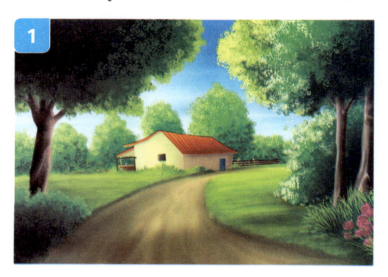

ILUSTRAÇÕES: DANILLO SOUZA

88

GIRAMUNDO

AS PESSOAS MUDAM

OBSERVE AS IMAGENS DE LORENA. NUMERE-AS DE ACORDO COM AS FASES DE SEU CRESCIMENTO.

1 PARA A IMAGEM QUE MOSTRA LORENA MAIS NOVA.

2 PARA A IMAGEM QUE MOSTRA ELA UM POUCO MAIS VELHA.

3 PARA A IMAGEM QUE MOSTRA LORENA MAIS VELHA DO QUE NAS OUTRAS DUAS IMAGENS.

ILUSTRAÇÕES: DANILLO SOUZA

89

RETOMADA

1. AS FIGURAS A SEGUIR FORMAM QUATRO CONJUNTOS. ENCONTRE AS FIGURAS QUE NÃO FAZEM PARTE DE CADA UM DOS CONJUNTOS.

- FRIO

- CALOR

- CHUVA

- VENTO

2. NO QUADRO, DO LADO **ESQUERDO**, DESENHE UM ELEMENTO DA NATUREZA. DO LADO **DIREITO**, DESENHE UM ELEMENTO CRIADO PELOS SERES HUMANOS.

3. SEU PAI E SUA MÃE, OU OS SEUS RESPONSÁVEIS, SÃO MAIS VELHOS DO QUE VOCÊ. MAS TAMBÉM EXISTEM CRIANÇAS MAIS NOVAS DO QUE VOCÊ, NÃO É MESMO? ESCREVA O NOME DE:

- UMA PESSOA MAIS VELHA DO QUE VOCÊ.

_____

- UMA PESSOA MAIS NOVA DO QUE VOCÊ.

_____

PERISCÓPIO

PARA LER

PONTO DE VISTA, DE SONIA SALERNO FORJAZ. SÃO PAULO: MODERNA, 2014.
NESSE LIVRO OS VERSOS BRINCAM COM O SIGNIFICADO DAS PALAVRAS, MOSTRANDO QUE TUDO DEPENDE DE VOCÊ, DO JEITO QUE VOCÊ VÊ.

MEU PRIMEIRO MALUQUINHO EM QUADRINHOS, DE ZIRALDO. SÃO PAULO: GLOBO, 2011.
O MENINO MALUQUINHO É TÃO CONHECIDO E QUERIDO PELAS CRIANÇAS QUE ATÉ MESMO QUEM AINDA NÃO SABE LER SE INTERESSA POR SUAS HISTÓRIAS.

AS TRÊS PARTES, DE EDSON LUIZ KOZMINSKI. SÃO PAULO: ÁTICA, 2009. (COLEÇÃO LAGARTA PINTADA).
TRÊS PARTES CANSADAS DE FORMAR UMA CASINHA RESOLVEM SAIR PELO MUNDO PROCURANDO NOVAS FORMAS E CORES.

AS COISAS VISTAS DE CIMA, DE OLIVIA MUNIZ E FÁBIO YABU. SÃO PAULO: PUBLIFOLHA, 2012.
NESSE LIVRO, A CRIANÇADA PODERÁ SE SURPREENDER AO DESCOBRIR QUAIS SÃO OS OBJETOS QUE, VISTOS DE CIMA, PARECEM SER OUTRA COISA.

O BALÃO, DE DANIEL CABRAL. CURITIBA: POSITIVO, 2013.
ACOMPANHE AS AVENTURAS DE UM MENINO E DE SEU BALÃO VERMELHO.

REFERÊNCIAS

ALDEROQUI, SILVIA. *PASEOS URBANOS*: EL ARTE DE CAMINAR COMO PRÁCTICA PEDAGÓGICA. BUENOS AIRES: LUGAR EDITORIAL, 2012.

ALMEIDA, ROSÂNGELA D. (ORG.). *CARTOGRAFIA ESCOLAR*. SÃO PAULO: CONTEXTO, 2007.

_____. *DO DESENHO AO MAPA*: INICIAÇÃO CARTOGRÁFICA NA ESCOLA. SÃO PAULO: CONTEXTO, 2006.

_____.; JULIASZ, PAULA C. STRINA. *ESPAÇO E TEMPO NA EDUCAÇÃO INFANTIL*. SÃO PAULO: CONTEXTO, 2014.

_____.; PASSINI, ELZA Y. *O ESPAÇO GEOGRÁFICO*: ENSINO E REPRESENTAÇÃO. SÃO PAULO: CONTEXTO, 2010.

ATLAS GEOGRÁFICO ESCOLAR. RIO DE JANEIRO: IBGE, 2016.

BRANCO, SAMUEL M. *O AMBIENTE DE NOSSA CASA*. SÃO PAULO: MODERNA, 1995.

BRASIL. MINISTÉRIO DA EDUCAÇÃO. SECRETARIA DE EDUCAÇÃO BÁSICA. *DIRETRIZES CURRICULARES NACIONAIS GERAIS DA EDUCAÇÃO BÁSICA*. BRASÍLIA, 2000.

_____. SECRETARIA DE EDUCAÇÃO FUNDAMENTAL. *PARÂMETROS CURRICULARES NACIONAIS*: PRIMEIRO E SEGUNDO CICLOS DO ENSINO FUNDAMENTAL: GEOGRAFIA. BRASÍLIA, 2000.

_____. MINISTÉRIO DA EDUCAÇÃO. *BASE NACIONAL COMUM CURRICULAR*. BRASÍLIA: MEC, 2017. DISPONÍVEL EM: <HTTP://BASENACIONALCOMUM.MEC.GOV.BR/WP-CONTENT/UPLOADS/2018/04/BNCC_19MAR2018_VERSAOFINAL.PDF>. ACESSO EM: 3 MAIO 2018.

CARLOS, ANA FANI A. *A GEOGRAFIA EM SALA DE AULA*. SÃO PAULO: CONTEXTO, 1999.

CASTELLAR, SONIA (ORG.). *EDUCAÇÃO GEOGRÁFICA*: TEORIAS E PRÁTICAS DOCENTES. SÃO PAULO: CONTEXTO, 2001.

COLL, CÉSAR; TEBEROSKY, ANA. *APRENDENDO HISTÓRIA E GEOGRAFIA* – CONTEÚDOS ESSENCIAIS PARA O ENSINO FUNDAMENTAL. SÃO PAULO: ÁTICA, 2000.

GUERRERO, ANA LÚCIA DE ARAÚJO. *ALFABETIZAÇÃO E LETRAMENTO CARTOGRÁFICOS NA GEOGRAFIA ESCOLAR*. SÃO PAULO: EDIÇÕES SM, 2012.

JECUPÉ, KÁKA WERÁ. *A TERRA DOS MIL POVOS*: HISTÓRIA INDÍGENA BRASILEIRA CONTADA POR UM ÍNDIO. SÃO PAULO: PEIRÓPOLIS, 1998.

KIMURA, SHOKO. *GEOGRAFIA NO ENSINO BÁSICO*: QUESTÕES E RESPOSTAS. SÃO PAULO: CONTEXTO, 2010.

LE SANN, JANINE. *GEOGRAFIA NO ENSINO FUNDAMENTAL 1*. BELO HORIZONTE: EDITORA FINO TRAÇO, 2011.

_____. *A CAMINHO DA GEOGRAFIA*: UMA PROPOSTA PEDAGÓGICA. BELO HORIZONTE: EDITORA DIMENSÃO, 2005. V. 1 E 2.

LIEBMANN, MARIAN. *EXERCÍCIOS DE ARTE PARA GRUPOS*: UM MANUAL DE TEMAS, JOGOS E EXERCÍCIOS. SÃO PAULO: SUMMUS, 2000.

MARCONDES, BEATRIZ; MENEZES, GILDA; TOSHIMITSU, THAÍS. *COMO USAR OUTRAS LINGUAGENS NA SALA DE AULA*. SÃO PAULO: CONTEXTO, 2000.

MENDONÇA, FRANCISCO DE ASSIS. *GEOGRAFIA E MEIO AMBIENTE*. SÃO PAULO: CONTEXTO 1993.

MORETTO, VASCO PEDRO. *PROVA, UM MOMENTO PRIVILEGIADO DE ESTUDO, NÃO UM ACERTO DE CONTAS*. RIO DE JANEIRO: LAMPARINA, 2010.

OLIVEIRA, CÊURIO DE. *DICIONÁRIO CARTOGRÁFICO*. RIO DE JANEIRO: IBGE, 1993.

SANTAELLA, LUCIA. *LEITURA DE IMAGENS*. SÃO PAULO: MELHORAMENTOS, 2012.

SCHÄFFER, NEIVA OTERO ET AL. *UM GLOBO EM SUAS MÃOS*: PRÁTICAS PARA A SALA DE AULA. PORTO ALEGRE: EDITORA DA UFRGS, 2003.

SIMIELLI, MARIA ELENA RAMOS. *PRIMEIROS MAPAS*: COMO ENTENDER E CONSTRUIR. SÃO PAULO: ÁTICA, 2007. V. 1 E 2.

ZABALA, ANTONI (ORG.). *COMO TRABALHAR OS CONTEÚDOS PROCEDIMENTAIS EM AULA*. PORTO ALEGRE: ARTMED, 1999.

MATERIAL COMPLEMENTAR

UNIDADE 2 – PÁGINA 51

UNIDADE 3 – PÁGINAS 68 E 69

95